Bibliografische Information der Deutschen Nationalbibliothek:

Die Deutsche Bibliothek verzeichnet diese Publikation in der Deutschen National-
bibliografie; detaillierte bibliografische Daten sind im Internet über http://dnb.d-
nb.de/ abrufbar.

Impressum:

Copyright © 2011 GRIN Verlag, Open Publishing GmbH
Druck und Bindung: Books on Demand GmbH, Norderstedt Germany
ISBN: 978-3-668-12267-3

Dieses Buch bei GRIN:

http://www.grin.com/de/e-book/309965/tonio-kroeger-symbolfigur-des-konflikts-
zwischen-kuenstlertum-und-buergertum

Aaron Linnerth

Tonio Kröger: Symbolfigur des Konflikts zwischen Künstlertum und Bürgertum

GRIN Verlag

GRIN - Your knowledge has value

Der GRIN Verlag publiziert seit 1998 wissenschaftliche Arbeiten von Studenten, Hochschullehrern und anderen Akademikern als eBook und gedrucktes Buch. Die Verlagswebsite www.grin.com ist die ideale Plattform zur Veröffentlichung von Hausarbeiten, Abschlussarbeiten, wissenschaftlichen Aufsätzen, Dissertationen und Fachbüchern.

Besuchen Sie uns im Internet:

http://www.grin.com/

http://www.facebook.com/grincom

http://www.twitter.com/grin_com

Heinrich-Heine-Universität Düsseldorf

Institut für Germanistik

Lehrstuhl für Germanistische Literaturwissenschaft

Aufbauseminar: B 2-2-2 Thomas Manns Frühwerk

WS 2010/2011

Tonio Kröger:
Symbolfigur des Konflikts zwischen Künstlertum und Bürgertum

Aaron Linnerth

Inhalt

Einleitung

Künstler und „normale" Bürger stehen sich seit jeher Gegenüber. Auf der einen Seite die leidenschaftlichen, unkonventionellen, intellektuellen Kreativen, die mit ihren Werken auch zur kulturellen Unterhaltung der Bürger beitragen. Auf der anderen Seite die ordinären, fleißigen, normierten Bürger, die den Werten ihrer Gesellschaft treu konservativ erhaben sind.

Thomas Manns Novelle „Tonio Kröger" fand schon kurz nach ihrem Erscheinen im Jahre 1903 eine besondere Betrachtung in der deutschen Literaturwissenschaft, die bis heute währt.

Mann beschreibt detailliert die sich entwickelnde Persönlichkeit eines Künstlerstyps. Seit seiner Jugend ist er hin- und hergerissen zwischen bürgerlichen und künstlerischen Einflüssen, ohne sich einer Seite vollständig zugehörig zu fühlen, da er nicht nur von beiden Einflüssen umgeben ist, sondern auch beides in sich trägt. Der Autor beschreibt mit autobiografischem Hintergrund die Orientierungsversuche in der Adoleszenz des Protagonisten und welche weiteren Personen dabei eine Rolle spielen.

Aufgabe dieser Hausarbeit ist es, die verschiedenen Personen innerhalb dieser Novelle und ihre Wirkung auf die weitere Entwicklung Tonio Krögers zu analysieren, um die Titelthese als Resultat festzustellen. Die Überzeugung, dass der Protagonist die Symbolfigur des o.g. Konflikts darstellt, wurde auch deshalb als Thematik gewählt, weil sie den Autor persönlich anspricht und gezeigt werden soll, wie dies in der Literatur umgesetzt wurde.

Im Fokus liegt der Konflikt zwischen dem Bürger- und dem Künstlertum. Im *ersten Kapitel* wird der Protagonist inklusive seines Umfelds zunächst vorgestellt. Das *zweite Kapitel* dreht sich um Hans Hansen und die Beantwortung der Fragen wer er ist und welche Rolle er für Kröger spielt. Da Mann bekannt dafür ist, das äußere Erscheinungsbild seiner Charaktere bewusst als Pendant zur entsprechenden Persönlichkeit zu zeichnen, wird bei den jeweiligen Figurenvorstellungen zunächst das Erscheinungsbild analysiert. Nach den Erkenntnissen der ersten beiden Kapitel wird im *dritten Kapitel* erklärt, was unter dem Bürger- und Künstlertum zu verstehen ist, um schließlich die Relevanz für Manns Novelle zu verdeutlichen. Die Szene in Lisawetas Atelier wurde, hinsichtlich verschiedener Betrachtungsweisen (Kröger als Künstler, Tonios Konflikt mit dem Bürgertum), in zwei Teilen analysiert. Dem Titel entsprechend wird hermeneutisch analysiert, dass und warum Tonio Kröger die Symbolfigur des Konflikts zwischen beiden Typen darstellt. Im *vierten Kapitel* wird der Konflikt von Bürgern und Künstlern psychoanalytisch anhand der Mutter betrachtet. Nach den genannten Untersuchungsschwerpunkten werden im Fazit noch einmal die wichtigsten Ergebnisse kurz dar dargestellt, um final die These der Hausarbeit festzustellen.

Die literaturwissenschaftliche Forschung hat sich dem Thema des Konflikts in breiter Form gewidmet. So bietet die Sckundärliteratur (Hermes, Brinkmann) einfache Analysen bezogen auf die Soziologie dahinter bis hin zu ausführlichen Einblicken in den philosophischen Hintergrund hinsichtlich Auffassungen zu Kunst und Existentialismus basierend auf Schopenhauer und Nietzsche. Letzterer ist für die Einführung des Begriffspaares apollinisch-dionysisch bekannt. Im letzten Kapitel erfährt dieser Punkt eine (kurze) Anwendung. Die vorliegende Hausarbeit beschäftigt sich primär mit dem Konfliktthema aus gesellschaftlicher Sicht.

Kapitel 1: Tonio Kröger

1.1 Erscheinungsbild

Tonio Kröger ist brünett und hat ein südländisches, scharf geschnittenes Gesicht. Dazu dunkle, zart umschattete Augen, die von zu schweren Liedern geschlossen werden. Seine Physiognomie lässt bereits erste Schlüsse auf seinen Charakter zu: sie ist gekennzeichnet durch eine ungewöhnlich weiche Mund und Kinnpartie. Kröger trägt in der Anfangsszene einen grauen Gurt-Paletot (eine Art Parka mit Gürtel) und eine runde Pelzmütze. Seine Kleidung lässt ihn klassisch erscheinen, ohne modische Auffälligkeiten. Auch die Körpersprache spiegelt seinen innere Verfassung wieder: So ist sein Gang nachlässig und ungleichmäßig – genau so wie seine schwankenden Emotionen und der Mangel an Gradlinigkeit in seinem Handeln. Der oft seitwärts geneigte Kopf mit Blick in die Ferne zeigt, dass er voller Gefühle im Moment versinken kann und dabei seine Umgebung vergisst. Generell denkt er in solchen Situationen viel über seine Zukunft nach. [1]

Als erwachsener Mann besucht er seine Freundin Lisaweta Iwanowna. Dort wird er als Mann mit braunem Schnurrbart beschrieben, der sorgfältig in einem reserviert geschnittenem Anzug aus ruhigem grau auftritt. Tonio trägt einen korrekten Scheitel und fällt durch nervöses Zucken auf. Er ist ein (erwachsener) Mann geworden, der innerlich mehr Orientierung gefunden hat. Gleichzeitig hat er nicht den Drang, nach außen hin aufzufallen, sondern möchte innerhalb seiner persönlichen Ordnung für sich sein. Gewissermaßen hat er einen Teil der Bürgerlichkeit für sich übernommen.

1.2 Charakterisierung

Tonio Kröger ist der sensible, künstlerische Protagonist der Erzählung. Bereits in seiner Jugend (das erste konkret genannte Alter ist 14 Jahre[2]) ist er ein eher introvertierter, sehr sensibler Junge, der lieber für sich oder allenfalls in Umgebung ihm sehr vertrauter Menschen ist. So wartet er am Anfang der Erzählung auf seinen Freund Hans Hansen, mit welchem Tonio zum Spazierengehen verabredet ist und fürchtet bereits nach einer kurzen Verspätung seines besten Freundes mit plötzlich getrübten Augen um

---

1 Mann, Thomas: Tonio Kröger, Mario und der Zauberer, Frankfurt a.M.: Fischer 2008, Vgl. S.8.

2 Ebd. Vgl. S. 8.

dessen Zuverlässigkeit.[3] Mann beschreibt ihn als träumerischen und zaghaften Jungen, der oft in Gedanken verfällt. Seine Gedanken drehen sich meistens um sein eigenes Dasein und das Dasein an sich. Er fühlt seine Emotionen sehr intensiv, besonders solche, die schmerzvoll sind. Seine Gefühle spielen für ihn eine große Rolle – Kröger hat Freude an emotionalen Erfahrungen. Er setzt sie mit Lebendigkeit gleich, weil er sich dadurch fühlen kann. Der Großteil seines Selbstbewusstseins besteht aus der Beschäftigung mit der eigenen Gemütslage. Allerdings hat dies für ihn keinen praktischen Nutzen, bis auf den Einfluss auf seine künstlerische Ader.[4] Durch seine stark ausgeprägte Sensibilität ist er auch in der Lage, die Verfassung anderer Menschen besser zu fühlen, bzw. deren Persönlichkeit rapide einzuordnen und hinsichtlich Schwächen zu ergründen. Durch die feinfühlige Wahrnehmung seines Lebens und seiner Umwelt bewertet er diese auch gleichzeitig. Der Protagonist hat kein großes Interesse für den schulischen Unterricht, sondern ist mental vorzugsweise abwesend dadurch, dass er in seine eigene Gedankenwelt driftet. Zumal Tonio die Entwicklung und Lehre der Persönlichkeit eines Menschen für wichtiger hält als für den Inhalt, den ihm die Schule übermitteln will.[5] So wird beschrieben, dass der Hauptdarsteller „erbärmlichste Zensuren"[6] schreibt.[7] Dies schafft eine Konfliktgrundlage mit seinem Vater.[8] Eine nähere Betrachtung erfolgt unter Punkt 1.3.2 im Abschnitt „Die Eltern". Tonio investiert viel Zeit in das Schreiben von Versen. Diese hält er in einem Heft fest, was ihm an seiner Schule zum Nachteil wird (nähere Beschreibung auch hier unter Punkt 1.3.2). Durch Selbstreflexion und die Reaktion seiner Mitmenschen auf ihn, erkennt er seine sonderliche, andersartige Stellung. Die Titelfigur hinterfragt dies und spekuliert über zukünftige Erwartungen. Tonio ist dennoch mit seiner Andersartigkeit zufrieden.[9]

---

3 Mann, T.: Tonio Kröger. Vgl. S. 7.

4 Ebd. Vgl. S.9-10.

5 Ebd. Vgl. S.9

6 Ebd. S. 9.

7 Ebd. Vgl. S. 9f.

8 Ebd. Vgl. S. 10

9 Große, Wilhelm: Königserläuterungen. Tonio Kröger, Hollfeld: C. Bange Verlag, 1999, S. 15

Als er in Kapitel II erkennt, dass er wegen der Begegnung mit Ingeborg Holm beim Tanzunterricht nicht einschlafen kann, erkennt er dies als Liebe, bzw. verliebt sein. Beim Tanzunterricht zitiert er den Schriftsteller Theodor Storm in Gedanken, was seine Affinität zur Bildung zeigt. Im Zeitraum des Todes seines Vaters denkt Tonio über darüber nach, was er werden soll und kommt zum Schluss, dass er das Potential zu mannigfaltigen Möglichkeiten hat. Kröger erkennt sich selbst als vielfältige Person mit breit gefächerter Persönlichkeit. Nachdem der Protagonist seine Vaterstadt verlässt und gen Süden fährt, stellt er fest, dass sein Herz tot und ohne Liebe ist, es klafft ein Loch innerer Leere, worunter Kröger sehr leidet.[10] Sein Leben findet zwischen den Extremen von Geist und Sinnen statt. Auf der einen Seite gibt es die rationale, vernünftige, intellektuelle Person. Auf der anderen Seite, die fühlende, leidenschaftliche, die mit gefühlskalter Nüchternheit nicht zufrieden ist. Die Hauptfigur lebt ein außerordentliches Leben, dass er im Grunde verabscheut, traut sich aber nicht, exzentrische Abenteuer voller Freude und Leidenschaften zu leben, weil Kröger dies abwertet als Lebensweise für Zigeuner, was seinen bürgerlichen konservativen Charakter zeigt[11], den er bis zum Erwachsenenalter als Teil von sich ablehnt. Durch reflektierende Gespräche mit Lisa und Reisen in den Süden und in den Norden (Reise zu sich selbst) wird er sich selbst gegenüber ehrlicher und lockerer, die Verkrampftheit bezüglich seiner Identität löst sich mehr und mehr mit Anerkennung der Vielfalt seiner Persönlichkeit.

1.3 Soziales Umfeld

Tonio Kröger wächst in einer norddeutschen Stadt auf.[12] Krögers soziales Umfeld ist durch die bürgerliche Gesellschaft gekennzeichnet, von der er sich differenziert. Er umgibt sich nur mit wenigen, eng vertrauten Personen. Dazu gehören seine jeweiligen Elternteile, sein engster Freund Hans Hansen sowie Lisa Iwanowna und Ingeborg Holm. Im Folgenden wird sein Bezug auf seine Mitmenschen analysiert, um danach das Verhältnis zu den einzelnen Personen genauer zu betrachten. Bei allen vorkommenden Personen handelt es sich nicht um Individuen, sondern um austauschbare Typen, die eine bestimmte Einstellung zu den Themen Leben und Kunst verkörpern.[13]

---

10 Große, W.: Königserläuterungen. Vgl. S. 26.

11 Ebd. Vgl. S. 26.

12 Ebd. Vgl. S. 15.

13 Hermes, Beate: Klett Lektürehilfe: Thomas Mann-Tonio Kröger. Stuttgart: Ernst Klett Verlag 1989, Vgl. S. 17.

1.3.1 Allgemein

Tonio ist kein Gesellschaftsmensch. Durch seine individuelle Ausprägung hat er eine „Sonderstellung in der Gemeinschaft".[14] Anfangs wartet er *alleine* auf seinen Freund Hans Hansen, um mit ihm spazieren zu gehen. Durch die Stellung seines Vaters hat er obligatorisch einen großen flüchtigen Bekanntenkreis. Schulisch ist er weder sozial noch leistungsspezifisch ein Primus. Als sein Versheft durch eigenes Verschulden bekannt wird, bedeutet dies einen Schaden für seine Person bei Mitschülern und Lehrern. Kröger verachtet sie dafür. Trotz mangelnder sozialer Integrität durchschaut er die persönlichen Schwächen anderer „seltsam eindringlich".[15] Tonio hat zwischenmenschlich keinen Bezug zu seiner Vaterstadt. Beim Verlassen der Stadt empfindet er keinerlei Schmerzen, sondern „Spott für das plumpe und niedrige Dasein"[16] und „Verachtung für kleine Leute".[17]

Als das künstlerische Dilemma, erkennt er, dass mit der Erkenntnis auch die Einsamkeit kommt, da der Großteil der Menschen sich intellektuell nicht auf seiner Ebene befindet. Gleichzeitig will er, z.B. bei der Ankunft in Dänemark, keine Gesellschaft.[18] Ausdrücklich erwähnt er sein Bewusstsein dafür, als Künstler von den „normalen" Bürgern getrennt zu sein, im Gespräch mit Lisaweta. Der Protagonist teilt ihr mit, „oft sterbensmüde"[19] zu sein, „das Menschliche darzustellen, ohne am Menschlichen teilzuhaben".[20] Tatsächlich erkennt er es als Gesetz, dass ein Künstler bereits mit „Scharfblick aus der Menschenmasse"[21] erkennbar sei, da das „Gefühl der Separation und Unzugehörigkeit"[22] ihm, dem Künstler, eine einzigartige Ausstrahlung verschafft.[23]

---

14 Große, W.: Königserläuterungen. S. 17.
15 Mann, T.: Tonio Kröger. S. 10.
16 Ebd. S. 25.
17 Ebd. S. 27.
18 Ebd. Vgl. S. 59.
19 Ebd. S. 32.
20 Ebd. S. 32.
21 Ebd. S. 33.
22 Ebd. S. 33.
23 Ebd. Vgl. S.32f.

1.3.2 Die Eltern

Tonio Krögers Mutter, Consuelo, wird beschrieben als schöne schwarzhaarige Frau, die anders ist „als die übrigen Damen der Stadt".[24] Sie wurde vom Vater „von ganz unten auf der Landkarte heraufgeholt"[25] ins norddeutsche Gebiet. Ihre südländischen Wurzeln machen sich in ihrer unbesorgten, künstlerischen Lebensweise sichtbar: sie ist musikalisch veranlagt und nicht besorgt um Tonio, weder hinsichtlich seiner sozialen Einbindung noch seiner Leistungen. Diese Dinge werden von ihr mit einer „heiteren Gleichgültigkeit"[26] betrachtet, die Tonio „ein wenig liederlich"[27] findet.[28] Nach dem Tod des Vaters bindet sich Consuelo Kröger neu mit einem Musiker. Ihr südländischer Esprit ist nach wie vor in ihren Adern. Tonio hat nicht nur seine künstlerische Seite, sondern auch sein Aussehen klar von seiner Mutter. Lebensphilosophisch identifiziert er sich mehrheitlich mit ihr.

Tonio Krögers Vater, der Konsul Kröger, ist ein großer, mächtiger Kaufmann, von dessen Ansehen in der Stadt die Familie profitiert. Die Familie hat es durch das väterliche Unternehmen, „dessen Getreidesäcke mit dem breiten schwarzen Firmendruck man Tag für Tag durch die Straßen kutschieren sah"[29], zu einem wohlhabenden Leben gebracht. Äußerlich wird der Konsul Kröger beschrieben, als „langer, sorgfältig gekleideter Herr mit sinnenden blauen Augen, der immer eine Feldblume im Knopfloch trug".[30] Für ihn sind bürgerliche Werte wie Fleiß, Ordnung und Disziplin die Grundlage für ein vernünftiges Leben. Das Verhältnis zu Tonio ist angespannt. Als leistungsorientierter Unternehmer ist er „sehr erzürnt und bekümmert"[31], über die schlechten Zensuren, die sein Sohn mit nach Hause bringt.[32] Auch wenn Tonio sich menschlich komplett von seinem Vater unterscheidet, so wiederholt er doch mehrmals wörtlich, dass er „im Grunde ganz einverstanden mit ihm"[33] ist. Denn er begrüßt es, dass er für seine mangelnden Leistungen

---

24 Ebd. S. 10.

25 Ebd. S. 11.

26 Ebd. S. 11.

27 Ebd. S. 11.

28 Ebd. Vgl. S. 10.

29 Mann, T.: Tonio Kröger. S.8.

30 Ebd. S. 10.

31 Ebd. S. 10

32 Ebd. Vgl. S. 10.

33 Ebd. S. 11,45,47.

gestraft wird und wenigstens ein Elternteil „nicht mit Küssen und Musik"[34] darüber hinweg sieht. Die bürgerliche Seite der Gesellschaft wird vom Vater vertreten. Tonios bürgerlicher Charakterteil stammt von ihm. Letztlich wirkt der väterliche Einfluss auch über dessen Tod hinaus (Gewissenbisse bzgl. Ansehen als Zigeuner).

1.3.3 Ingeborg Holm

Auch sie entstammt einer privilegierten Familie und wohnt repräsentativ am Markt. Mann beschreibt sie als blondes Mädchen, mit lachenden, blauen Augen, Sommersprossen an der Nase und warmer Stimme. Beim Vergleich der Figurenkonstellationen ist erkennbar, dass es sich um Hansens weibliches Pendant handelt. Obschon die Hauptfigur sie bereits unzählige Male sah, verliebte er sich erst im Alter von 16 Jahren in sie, als er am gleichen Privat-Tanzkurs wie sie teilnimmt. Als er eines Nachts vor Gedanken an sie nicht einschlafen kann, erkennt er dieses Gefühl als Liebe – weiß aber gleichzeitig um die emotionalen Kontraste, die dieses Gefühl mitbringt. Ihn macht die Liebe lebendig und reich durch die vielen Emotionen. Er rechnet sich keine großen Chancen bezüglich einer Erwiderung der Liebe aus und ist überzeugt, sie „verachte"[35] ihn wegen der „poetischen Sachen"[36], die er schreibt. Tonio fühlt sich angezogen durch das Gegenteil zu ihm, das was unerreichbar ist.[37] In Bezug auf das Verliebtsein wird die Emotionalität Krögers deutlich: beim Anblick Ingeborgs fühlt er einen „herben, drängenden Schmerz, von ihr ausgeschlossen und ewig fremd zu sein"[38], dass sogar seine Brust brennt.[39] In einer Pause isoliert er sich, blickt in sich hinein und wünscht sich, dass Ingeborg kommt, um ihm seine Liebe zu gestehen und sich um ihn zu sorgen. In Gedanken versunken und zuvor von ihr ausgelacht, denkt er an einen Tag in der Zukunft, an dem er als Literat berühmt sein wird, um ihre Aufmerksamkeit zu erhalten. Aber er weiß, dass er für seine Angebetete nie relevant sein wird, ist sie doch das glatte Gegenteil von ihm. Trotz des Gefühls, einsam und ausgeschlossen zu sein bei dem Gedanken daran, dass Ingeborg nie zu ihm gehören wird, fühlt er sich glücklich, weil sein Herz durch seine Liebe zu Ingeborg lebt.[40]

---

34 Ebd. S. 11.
35 Ebd. S. 20.
36 Mann, T.: Tonio Kröger. S.20.
37 Hermes, B.: Tonio Kröger. Vgl. S. 11f.
38 Mann, T.: Tonio Kröger. S. 17.
39 Ebd. Vgl. S. 17fff.
40 Ebd. Vgl. S. 22ff.

Wie auch später in seiner Beziehung zu Hans Hansen, so wird auch in der zu Ingeborg Holm Tonios paradoxer Wunsch deutlich, gerade von den Menschen geliebt und anerkannt zu werden, die sein geistiges Leben nicht mit ihm teilen können und denen gerade aus diesem Grund seine Sehnsucht gilt.[41]

Bermerkenswert ist die Verwechslung eines dänischen Paares am Ende Geschichte. Er hält dieses Paar für Hans Hansen und Ingeborg Holm.

1.3.4 Lisaweta Iwanowna

Im vierten Kapitel besucht er seine Freundin Lisaweta Iwanowna in deren Münchener Atelier. Zu diesem Zeitpunkt ist Kröger etwa 30 Jahre alt. Es herrscht ein vertrautes Verhältnis (Bezugsperson) zwischen beiden. Interessant ist, dass Kröger und Iwanowna sich siezen. Sie ist eine gut erzogene, brünette, fest frisierte Frau, mit „slawisch geformtem, unendlich sympathischem Gesicht"[42], einer Stumpfnase und kleinen, schwarzen Augen. Ihre Wangenknochen werden beschrieben als „scharf herausgearbeitet".[43] Sie öffnet Tonio in einem dunkelblauen, fleckigen Schürzenkleid, entsprechend ihrer Profession als Künstlerin. In einer aufgebrachten Rede erzählt er von seinem Kollegen Adalbert, der ihm den Frühling als[44] „die gräßlichste Jahreszeit"[45] attestierte. Davon eingenommen beklagt er sich über das Dasein als Künstler, die nach seiner Meinung immer ein innerliches Abenteuer führen. Lisaweta hört nur zu und kommentiert gelegentlich.

Sie hat eine gelassenere Auffassung zur Realität und teilt Tonios Ernsthaftigkeit und Verzweiflung bei weitem nicht in diesem Maß. Ferner sieht Lisaweta nicht den herausstechenden Künstler ihn ihm, sondern, wodurch er sich beleidigt fühlt, letztlich einen künstlerisch veranlagten, irritierten Bürger. Obwohl der Protagonist sich nach seiner ausführlichen Meinung beleidigt führt, schreibt er seiner Freundin im letzten Kapitel noch einen Brief. In diesem erkennt Tonio, dass er das Ergebnis einer Mischung aus den Eigenschaften seiner Eltern ist. Er versteht sich als Bürger und Künstler in Personalunion, gefangen zwischen zwei Welten, der keine innere Mitte findet.[46]

---

41 Hermes, B.: Tonio Kröger. S. 13.

42 Mann, T.: Tonio Kröger. S. 29.

43 Ebd. S. 29.

44 Ebd. Vgl. S. 29f.

45 Ebd. S. 31.

46 Mann, T.: Tonio Kröger. Vgl. S. 72f.

Kapitel 2: Hans Hansen

Aufgrund der besonderen Rolle und Bedeutung Hansens für Tonio Kröger wird diesem ein eigenes Kapitel gewidmet. Auch deshalb, weil die symbolische Persönlichkeit und die Beziehung beider zueinander im Hinblick auf die Bedeutung im Gesamtkontext einer besonderen Analyse bedarf.

Wer ist Hans Hansen? Hans Hansen ist Tonio Krögers engster und einziger Weggefährte. In diesem Abschnitt werden seine Charakteristik und sein Erscheinungsbild näher analysiert, um sich ein Bild von ihm machen zu können, was für die spätere Deutung seiner Figur unerlässlich ist.

2.1 Erscheinungsbild

Hans trägt zu Beginn „eine kurze Seemanns-Überjacke, über welcher auf Schultern und Rücken der breite, blaue Kragen seines Marine-Anzuges"[47] liegt. Sein Kopf ist bedeckt von einer „dänischen Matrosenmütze mit kurzen Bändern, unter der ein Schopf seines bastblonden Haares"[48] zu sehen ist. Er wird beschrieben als „außerordentlich hübsch und wohlgestaltet, breit in den Schultern und schmal in den Hüften, mit freiliegenden und scharf blickenden stahlblauen Augen".[49] Seine norddeutschen Wurzeln sind hier klar erkennbar. Er repräsentiert den Parade-Deutschen, den nordischen Typ.

2.2 Charakteristik

Hans Hansen ist der Sohn einer angesehenen mächtigen Kaufmannsfamilie. Auch er hat einen großen Bekanntenkreis den er obligatorisch grüßt. Hansen wird beschrieben als guter Schüler. Darüber hinaus ist er sportlich aktiv. Für ihn gehört ein Sozialleben zur Normalität. Hansen ist aufmerksam und hat keine Angst vor Körperkontakt – so unterfasst[50] er nicht nur obligatorisch seinen Freund Tonio sondern auch einen anderen Schulkameraden.[51] Es zeigt seinen selbstbewussten, protektionistischen Charakter.

---

47 Ebd. S. 8.
48 Ebd. S. 8.
49 Mann, T.: Tonio Kröger. S. 8.
50 Ebd. Vgl. S. 15.
51 Ebd. Vgl. S. 15.

2.3 Die Beziehung von Hans und Tonio

Hans Hansen ist die wichtigste Person in Tonio Krögers (frühem) Leben. Auch sein Vater gehört zu den wichtigen Personen in der Stadt.

Tonio verbindet breit gefächerte, intensive Emotionen mit seinem besten Freund. Er wird bereits traurig, als Hans am Anfang verspätet zum vereinbarten Treffen kommt - es zeigt seine zwischenmenschliche Abhängigkeit. Der Protagonist liebt Hansen und hat bereits „Vieles um ihn gelitten"[52]. So stellt er fest: „wer am meisten liebt, ist der Unterlegene und muß leiden".[53] Bereits kleinste Zeichen von Zuneigung veranlassen Kröger zu großer Freude. So schreibt Mann: „Alles in Tonio geriet in eine hüpfende und jubelnde Bewegung bei diesen Worten"[54], als Hansen glaubte, Kröger sei bereits nach Hause gegangen.[55] Der Hauptdarsteller ist sich der Zuneigung seines besten Freundes keineswegs sicher. Insbesondere hegt er Zweifel an der Intensität. So „fühlte [Tonio] genau, daß jener nur halb so viel Gewicht auf diesen Spaziergang legte, wie er".[56] Hans Hansen ist sich dessen in geringem Maße bewusst. Das Bild von Hans als schönen, sozial und schulisch erfolgreichen, zufriedenen Jungen macht Tonio neidisch, da er gern wie Hans wäre, weil er in jeglicher Hinsicht das komplette Gegenteil zu ihm darstellt.[57] Während Tonio in den Ferien im Sand liegt und träumt, beschäftigt sich Hans auf „wohlanständige und allgemein respektierte Weise".[58] Die Freundschaft beider ist „geprägt von einer „neidischen Sehnsucht".[59] Hans sieht ihn als geistig wie rhetorisch gewandter und macht ihn deshalb durch sein Entgegenkommen glücklich.[60] Tonio sehnt sich neben sozialer Anerkennung auch nach einer „geistigen Gemeinschaft".[61] Dass beide Figuren intellektuell aber in anderen Welten leben, wird deutlich als der Protagonist seinen engen Vertrauten für Schillers Werk „Don Carlos" begeistern will, dieser aber kein tieferes Interesse dafür hegt und darum bei Pferdebüchern bleibt.[62] Sein Bemühen ist und bleibt vergeblich.[63] Irritiert

---

52 Ebd. S.9.
53 Ebd. S. 9.
54 Ebd. S. 9.
55 Ebd. Vgl. S. 9.
56 Ebd. S. 9.
57 Hermes, B.: Tonio Kröger. Vgl. S. 9.
58 Mann, T.: Tonio Kröger. S. 12.
59 Ebd. S.12.
60 Ebd. Vgl. S. 12.
61 Hermes, B.: Tonio Kröger. S. 9.
62 Mann, T.: Tonio Kröger. Vgl. S. 13.
63 Hermes, B.: Tonio Kröger. Vgl. S. 9.

sind beide, als Hans seinen Freund beim Nachnamen nennt, während sie in einem Gespräch mit einem Bekannten sind. Hansen begründet dies damit, den Vornamen nicht zu mögen. Tatsächlich schämt sich der selbstbewusste Hans Hansen für seinen introvertierten Kumpanen.[64]

Der sensible Hauptdarsteller fühlt sich vernachlässigt, sobald sein bester Freund einem dritten seine Aufmerksamkeit schenkt und könnte manchmal weinen, wenn Hans sich mehr für andere interessiert. Als sein Freund Interesse an ihm zeigt und verspricht, das vorgeschlagene Buch zu lesen, ist der Protagonist glücklich und fühlt sein Herz leben. Damit kommt auch wieder der Wunsch und die „Zuversicht, eine geistige Gemeinschaft mit Hans herstellen zu können".[65]

Kapitel 3: Der Konflikt zwischen Künstlertum und Bürgertum

3.1 Definitionen von Künstlertum und Bürgertum

Um konkret mit beiden Begriffen arbeiten zu können, werden zunächst die verschiedenen Bedeutungen herausgearbeitet, um sich ein klareres Bild über die Begriffe Künstlertum und Bürgertum zu verschaffen.

3.1.1 Künstlertum

Im 18. Jahrhundert war die Literatur ein wichtiges Medium der bürgerlichen Selbstverständigung und Selbstfindung. Als der Kapitalismus sich entwickelte, wurde die Kunst zur Ware für den Freizeitmarkt. Die Künstler lebten für gewöhnlich davon.[66]

Sie kamen dadurch in ein Abhängigkeitsverhältnis und lehnten das Prinzip von Schreiberei auf Bestellung ab. Die einzige Alternative war entweder „die Bereitschaft zur Armut oder durch Fremdfinanzierung".[67] Oft kamen Künstler daher aus wohlhabenden Familien, dem Adel oder waren Erben. Eine andere Möglichkeit hinsichtlich des Wettbewerbs war es schlicht, Erfolg zu haben.

---

64 Mann, T.: Tonio Kröger. Vgl. S. 14f.

65 Ebd. S. 10.

66 Kurzke, Hermann: Thomas Mann: Epoche-Werk-Wirkung. München: C. H. Beck Verlag 2010. Vgl. S. 108f.

67 Ebd. S. 109.

Die *Bohemien* sind ein charakteristischer Typ der literatur-soziologischen Situation um die Jahrhundertwende. Es handelt sich um einen Künstlertypus der die bürgerliche Gesellschaft ablehnte. Das Kommunikationszentrum waren *Kaffeehäuser*. Auf diesen Ursprung bezieht sich Tonio, als er von seinem Kollegen Albertus erzählt, der vor dem Frühling in ein Cafe „flüchtete". Durch den Besuch eines Kaffeehauses wurden die Bohemien nicht vom Frühling und vom Leben gestört. Die bürgerliche Gesellschaft und soziale Wirklichkeit schienen so fern wie ein Traum.[68]

Die ersten Künstlerfiguren Manns

> *leben das Leben in der Regel [...] nur von außen. Charakteristisch dafür ist die Betrachterperspektive aus dem Dunkeln ins Licht.*[69]

So erkennbar, als Tonio Kröger dem dänischen Paar beim Ball in Aalsgaard von der Veranda (draußen) zusieht. [70]

3.1.2 Verschiedene Bürgerbegriffe

Ethymologisch gesehen ist unter einem Bürger der Bewohner einer Stadt zu sehen.

In der **klassisch–griechischen Philosophie** ist der Bürgertitel abhängig von der Teilnahme am Regieren und regiert werden. Die **Antike** betrachtete den Bürger gar als fremd gegenüber Arbeit.

Seit dem **17. Jahrhundert** zeichnet sich der Bürger durch seine Teilnahme an Rechten und Freiheiten aus.[71] Im Zeitraum des **18. Jahrhunderts** fanden die Begriffe *citoyen* und *bourgois* kurz Erwähnung. *Citoyen* definierte den „gewöhnlichen" Bürger, *bourgois* die wohlhabende Schicht. Durch soziale und ökonomische Veränderungen kam es einer Angleichung der Stände, sodass nunmehr vom „Staatsbürger" die Rede war.

„Der altdeutsche Bürgerbegriff"[72] sieht den Bürger als Stadtbewohner, der sich durch ein Gewerbe ernährt. Daraus entwickelten sich Standesideale wie: Fleiß, Ordnung, Pflichterfüllung. Faulheit, Liederlichkeit, Lebensgenuss, Romanlesen, Müßiggang hingegen sind für die Tradition schädigend. Der staatsrechtliche, der revolutionäre und der empfindsame Bürgerbegriff kennzeichnet ein neues Begriffsverständnis. Der Bürger wird nicht mehr über den ökonomischen Stand definiert, sondern als Staatsbürger.

---

68 Ebd. Vgl. S. 108ff.

69 Ebd. S. 103.

70 Ebd. Vgl. S. 65.

71 Riedel, Manfred: Bürger, Staatsbürger, Bürgertum. In: Geschichtliche Grundbegriffe. Historisches Lexikon zur politisch-sozialen Sprache in Deutschland. Band I, Stuttgart: Klett-Cotta 1972. Vgl. S. 679.

72 Kurzke, H: Thomas Mann. S. 47

Der *revolutionären Bürgerbegriff* implizierte eine ständelose gleichberechtigte Gesellschaft. Der neue *empfindsame* vereint altdeutsche, konservative und aufklärerisch-liberale Merkmale.[73]

Thomas Mann sieht wie Nietzsche

> *im bürgerlichen Aufklärer den Naiven, der noch an sich selber glaubt, und im unbürgerlichen* **Künstler** *den Reflektierten, der die naive Daseinssicherheit des* **Bürgers** *kritisiert.*[74]

Nach Mann stehen die Begriffe Geist, Kunst, Literatur dem des Lebens gegenüber. Der Bürger bei **Tonio Kröger** besteht aus den altdeutschen Zügen und der revolutionär-humanistischen Tradition.[75]

Der **Begriff Bürgertum** vertrat zur Zeit des **19./20. Jahrhunderts** am ehesten den „Universalismus des modernen gesellschaftlichen Lebens".[76] Nach Bluntschli stellte der Bürgerstand „die Klasse des gebildeten und freien Staatsbürgertums, die „Mittelklasse"[77] oder das „höhere Bürgertum"[78] dar. Auch wenn sie nicht zwingend in Besitz von Staatsgewalt war, war sie doch meistens die einflussreichste Klasse, dem dem öffentlichen Leben voranging.[79]

Einen **detaillierten Blick** liefert Schulz in seiner „Enzyklopädie der deutschen Geschichte". Er erklärt zu Beginn, dass die städtischen Lebensformen „durch und durch bürgerlich geprägt"[80] waren. Wichtig war die **Sozialisation** der Familie, über welche die ersten Berührungspunkte mit der Gesellschaft herbeigeführt und die Kinder so als Bürger erzogen wurden. Die gemeinsame Kindererziehung bildete einen „zentralen Bezugspunkt

---

73 Ebd. Vgl. S. 47f.

74 Ebd. S. 50.

75 Ebd. Vgl. S. 50.

76 Riedel, M: Bürger, Staatsbürger, Bürgertum. S. 719.

77 Ebd. S.719f.

78 Ebd. S. 719f.

79 Ebd. Vgl. S. 721.

80 Schulz, Andreas: Lebenswelt und Kultur des Bürgertums im 19. und 20. Jahrhundert, Enzyklopädie Deutscher Geschichte. München: Oldenbourg Wissenschaftsverlag GmbH 2005. S. 3.

der ideellen Bindungen der bürgerlichen Ehegemeinschaft"[81]. **Bildung, Leistung und Erfolg waren die Kernpunkte für soziale Anerkennung.** Seinen „Rang" als Bürger erzielte man durch die Anerkennung beruflicher Leistungen. Darüber hinaus zählten der Name, die Herkunft, Bildung und wirtschaftlicher Status einer Person. Das Idealbild stellte der allseits gebildete Bürger aus gehobener Familie dar. Bildung und Leistung war das Hauptmerkmal der bürgerlichen Identität, das gleichzeitig auch zum sozialen Ausscheiden führte, konnte solche nicht vorgewiesen werden. [82] Die **Frau** war für die Geselligkeit und Kultur innerhalb der Familie verantwortlich.[83] Das Zusammenkommen außerhalb in Vereinen war eine von Männern bestimmte Domäne.[84] Von Vereinen abgesehen, war soziales Engagement Voraussetzung, um sich für politische Ämter zu qualifizieren.[85] Der **wirtschaftliche Fokus** der aufstiegsorientierten Bürger lag beim **Handel**. Auf den Nachkommen der bürgerlichen Familien warteten „hohe Erwartungen und Hoffnungen".[86]

In jeder Kaufmannsfamilie war ein Sohn für die Übernahme des familiären Handelsgeschäfts vorgesehen. Erfüllte ein Kind nicht die Anforderungen an Leistungen und Lebensplanung, galt es als Versager innerhalb der eigenen Reihen. Im besten Fall blieb diesen „der **Ausweg einer Künstlerexistenz**".[87] Ein eventueller wirtschaftlicher Niedergang hatte eine Einbüßung des sozialen Kapitals zu Folge.[88] „**Verbindungen zu alteingesessenen Familien** waren besonders wichtig".[89]

Der Typus des Vaters und von Hans, die sozialen Verpflichtungen und der familiäre Status entsprechen Punktgenau der Beschreibung des Bürgertums im 19./20. Jahrhundert. Von der privilegierten, sozial-vernetzten Familie mit Residenz in der Stadt über die Kindererziehung hin zu sozialen und akademischen Erwartungen sind alle Punkte enthalten.

3.2 Die Rolle und die Vertreter des Bürgertums

Der Vater stellt das Bürgertum dar, lebt es und erwartet es von seinem Sohn Tonio. Nicht ohne Erfolg. Denn bürgerliche Grundwerte bleiben, über den Tod des Vaters hinaus, bis ins Erwachsenenalter in Tonios Gewissen. Konsul Kröger lebt das Prinzip von Leistung, Disziplin und Ordnung. Er ist stets korrekt gekleidet und als erfolgreicher Führer einer

---

81 Ebd. S. 6.
82 Ebd. Vgl. S. 19.
83 Ebd. Vgl. S. 12.
84 Ebd. Vgl. S. 12.
85 Ebd. Vgl. S. 17.
86 Ebd. S. 21.
87 Schulz, A.: Lebenswelt und Kultur des Bürgertums im 19. und 20. Jahrhundert. S. 21.
88 Ebd. Vgl. S. 17.
89 Ebd. S. 16.

Familiendynastie[90] sauer und besorgt, wenn sein Sohn schlechte Noten mit nach Hause bringt.[91]

Hans Hansen spiegelt allein durch sein Äußeres einen Musterjungen wider. Er ist blond, blauäugig und von wohlgeformter Statur. In der Schule erbringt er gute Leistungen. Hans ist beliebt, lebt in „glücklicher Gemeinschaft mit aller Welt"[92], und geht diversen Freizeitbeschäftigungen nach. Da auch sein Vater ein erfolgreicher Unternehmer und gestandener Bürger ist, wird der Familienepos, entsprechend familiärer Tradition, durch Hansen fortgelebt. Ihm ist nicht nach anspruchsvoller intellektueller Beschäftigung. Er geht spaßorientierten Freizeitbeschäftigungen nach, ohne sich (selbst-) reflektierende Gedanken zu machen. Die Normalität, gar Banalität, seines Daseins ist die Quelle seines glücklichseins. Eine kritische Sicht auf das/sein Leben liegt ihm fern. So kennt er auch keine Traurigkeit. Mangels Selbstreflexion und Kritik spielt der Faktor Erkenntnis in seinem Leben keine prägnante Rolle. Seine Selbstzufriedenheit und sein Selbstwertgefühl sind typisch für das Bürgertum, das er darstellt.

3.3 Tonio Kröger als Vertreter des Künstlertums

Bereits sein Name kennzeichnet ihn als etwas Besonderes. Der Name „Tonio" ist, für den Norden Deutschlands, außergewöhnlich. Er stellt den biografischen Teil seiner Mutter dar. In der Charakteristik der Hauptfigur lassen sich signifikante Eigenschaften eines Künstlers erkennen. Auffallend sind die soziale Zurückgezogenheit, das Gefühl der Unzugehörigkeit und die wellenähnlichen emotionalen Zustände, verursacht durch ein sensibles, empfindliches und empfindsames Gemüt. Ihm ist bewusst, dass er anders ist und sich von seinen Mitmenschen unterscheidet. Ändern will er dies, trotz der Konsequenzen für seinen Lebenswandel, nicht.93 Sein Anderssein liegt vor allem darin begründet, daß er seine Umgebung und seine Mitmenschen „seltsam eindringlich [...]" durchschaut. Diese Fähigkeit zur Erkenntnis [...] erschließt ihm"94 seine eigene Seele und die anderer Menschen. Kröger sammelt durch sein Vermögen, Dinge schneller als andere zu durchschauen, Erkenntnisse, zu welchen normale Bürger nicht in der Lage sind und ist dadurch in einer Position der Einsamkeit, weil nur andere künstlerische Menschen eine ähnliche Realitätsauffassung haben. Ferner handelt er im Sinne seiner künstlerischen Ausprägung als er gen Süden zieht, um seine Kunst durch die Sonne reifen zu lassen.

---

90 Mann, T.: Tonio Kröger. Vgl. S.8.
91 Ebd. Vgl. S. 10.
92 Ebd. S. 12.
93 Hermes, B.: Tonio Kröger. Vgl. S. 9.
94 Ebd. S. 37.

Als Künstler will er keinen Kontakt zu (normalen) Menschen haben. So beschreibt er sich gar als reizbar gegen das Banale und verachtet „kleine Leute". Seiner Auffassung zu Folge entstehen gute Werke nur unter Druck eines schlimmen Lebens, mit dem Tod als Ziel des Schaffenden.[95] Die künstlerischen Ambitionen werden bereits früh durch das Verfassen von Versen, die eingehende Beschäftigung mit Literatur (rezitieren von Dichtern) und allgemeinen sprachlichen Fähigkeiten deutlich, sodass ein Verweis auf seine spätere Tätigkeit als Schriftsteller bereits hier erkenntlich ist.[96]

> *Schon als Kind und als Jüngling fällt Thomas Mann durch literarische Versuche auf[...].*[97]

3.3.1 Analyse der Szene in Lisawetas Atelier Teil I

Als er seine Freundin Lisa in ihrem Münchener Atelier besucht, wird seine Identifikation mit dem Künstlertum deutlich, dass seit Kindheit an in ihm steckt: „Man ist als Künstler innerlich immer Abenteurer genug".[98] Er beschreibt die frühe Kennzeichnung seiner selbst als Künstler durch den Gegensatz zu anderen. Diese Merkmale stellt er nicht nur für sich selbst fest, sondern sie werden auch von Mitmenschen wahrgenommen.[99]

Bei Lisa beklagt er sich, dass er durch das Frühlingswetter irritiert ist und es ihn bei der Arbeit lähme, weil die Jahreszeit Gefühle und Leidenschaften sprießen ließe. Es verwirrt den Künstler vor lauter Empfindungen.

> *Das Gefühl, das warme, herzliche [...] ist immer banal und unbrauchbar.,*
> Thomas Mann[100]

Nach seinem „Selbstverständnis als Künstler"[101] ist das,

> *wofür der Frühling als Symbol steht, das Aufleben von Empfindungen, [...],
> antikünstlerisch, denn der Schaffende dürfe nicht empfinden. Er dürfe dem Leben
> nicht unmittelbar, sondern müsse ihm distanziert gegenüber stehen.*[102]

---

95 Mann, T.: Tonio Kröger. Vgl. S. 26ff.
96 Große, W.: Königserläuterungen. Vgl. 26.
97 Kurzke, H: Thomas Mann. S.42.
98 Mann, T.: Tonio Kröger. S. 30.
99 Ebd. Vgl. S. 33.
100 Kurzke, H: Thomas Mann. S. 31.
101 Hermes, B.: Tonio Kröger. S. 18.
102 Ebd. S. 18.

Dies ist nach „Tonios Ansicht Voraussetzung für künstlerisches Schaffen".[103] Als notwendig sieht die Hauptfigur eine Art Metaposition, die unbeteiligt über den Dingen steht und das Leben von außen betrachtet. Der Künstler muss seine Arbeit Kraft seines Intellekts und nicht seiner Gefühle schaffen. Diese gilt es zu neutralisieren.

3.3.1.1 Trennung vom Bürgertum

Bürger betrachtet Kröger am Anfang abschätzig. Die Bürger, die ihm Rezensionen zu seinen Werken geben, bezeichnet er als unbeholfen, da sie empfinden und attestiert ihnen eine begeisterte Naivität. So könne „ein rechtschaffender, gesunder und anständiger Mensch überhaupt nicht"[104] schreiben oder in anderer Weise kreativ sein.[105] Er besteht auf die Trennung beider Richtungen und macht dies an einem Beispiel aus der Jugend fest: „[…] man sollte nicht Leute, die viel lieber in Pferdebüchern mit Momentaufnahmen lesen, zur Poesie verführen".[106]

3.3.1.2 Tonio und die Dekadenz

In der Welt der Kunst, in der Distanz Grundvoraussetzung für kreatives Schaffen ist, gehört Tonio zur Richtung der Dekadenz. Sie äußert sich durch voranschreitende körperliche Schwäche, Abnahme der Lebenskraft und Vitalität.[107] Es handelt sich um eine Strömung u.a. der deutschen Literatur ab 1890, deren Vertreter der Auffassung waren, sie gehörten einer überfeinerten, dem Abstieg nahen Kultur an. Die Dekadenz zeichnete sich ferner auch dadurch aus, eine Vorliebe für die Darstellung aufreibender Seelenzustände zu haben.[108] Wie in der Analyse des Erscheinungsbilds deutlich, schafft Mann bereits im 1. Kapitel das Bild eines zierlichen Burschens. Im 3. Kapitel erfährt der Leser von einer weiteren gesundheitlichen Schwächung bei gleichzeitiger künstlerischer Verschärfung.

3.3.1.3 Die apollinische Komponente

Nach Nietzsches apollinisch-dionysischem Begriffspaar (nach den mythologischen Göttern Apollo und Dionysos) steht „apollinisch" für die Erkenntnis und die Klarheit. Dazu zählen Stichworte wie Selbstgewissheit, Nüchternheit und das beobachtende Leben des erkennenden Menschen. Besonders relevant für Tonio Kröger ist das

Principum Individuationis: Der individuelle Charakter, der für sich ist – ein
Außenseiter. Dionysische Attribute sind Hedonismus, ausschweifendes, eher

---

103 Ebd. S. 42.
104 Mann, T.: Tonio Kröger. S. 32.
105 Ebd. Vgl. S. 32.
106 Mann, T.: Tonio Kröger. S. 39.
107 Hermes, B.: Tonio Kröger. Vgl. S. 41f.
108 Ebd. Vgl. S. 7f.

oberflächliches, Leben, Gesellschaft, einheitliches Leben, also gerade nicht das *„Principum Individuationis".*[109]

3.4 Tonio Kröger als Symbolfigur des Konflikts

Das Tonio Kröger die Symbolfigur des Konflikts zwischen Künstlertum und Bürgertum darstellt, wird bereits beim Namen deutlich. Wie er selbst erklärt, kommt sein Vorname von den südländischen Wurzeln seitens der Mutter. Es handelt sich um die leidenschaftliche, kreative Seite, die im norddeutschen Raum ungewöhnlich, weil ausländisch und besonders, ist. Die bereits damit verbundene Außenseiterrolle ist ihm bekannt und der biografische Beginn seines Konflikts, da er lieber einen anderen Vornamen hätte.[110] Kröger ist der Nachname des Vaters. Hierbei handelt es sich um einen bürgerlichen, unauffälligen deutschen Namen. Sprich: Der Vorname „Tonio" spiegelt die künstlerische, der Nachname „Kröger" die bürgerliche Seite des Protagonisten wider. Die Hauptfigur ist (bereits namentlich) dazu prädestiniert, beide Kontraste in einer Person zu vereinen.

In seiner Jugend erlebt er das Leben zwischen den Extremen. Nicht nur hinsichtlich seiner Emotionen, sondern auch hinsichtlich der eigenen Zugehörigkeit. Der väterliche, bürgerliche Teil ist in ihm und sorgt dafür, dass er Gewissensbisse gegenüber seinen künstlerisch geprägten Abenteuern hat. Er sehnt sich nach Hans Hansen und Ingeborg Holm, die das genaue Gegenteil von ihm sind: Bürger. Betrachtet man beide als Symbolfiguren für das bürgerliche, normale Leben, zeigt die genannte Situation, dass sich Tonio in Wirklichkeit nach einem gewöhnlichen Leben sehnt.[111] Als er dem Leben im Süden nachgeht, wird der mütterliche, künstlerische Einfluss deutlich. Es warten „Abenteuer des Fleisches"[112], ein wildes Leben, dass er aber „im Grunde verabscheute".[113] „Vielleicht war es der Erbteil seines Vaters in ihm"[114], wie er selbst vermutet. Sein Konflikt mit sich selbst deutlich, als er beschreibt, dass er hin- und hergerissen ist zwischen „eisiger Geistigkeit und verzehrender Sinnenglut".[115]

---

109 Kurzke, H: Thomas Mann. S. 128f.
110 Mann, T.: Tonio Kröger. S. 15.
111 Hermes, B.: Tonio Kröger. Vgl. S. 12.
112 Mann, T.: Tonio Kröger. S. 26.
113 Ebd. S. 26.
114 Ebd. S. 26.
115 Hermes, B.: Tonio Kröger. Vgl. S. 16.

3.4.1 Analyse der Szene in Lisawetas Atelier Teil II: Die Selbstbeichte

Dogmatisiert Tonio anfangs noch eine distanzierte, emotionslose, Lebensweise als Schaffensgrundlage für den Künstler, der vom Leben (der Bürger) kategorisch ausgeschlossen ist, gibt er als bekennender Künstler selbst zu, „sterbensmüde zu sein, das Menschliche darzustellen, ohne am Menschlichen teilzuhaben".[116] Seit seiner Jugend will er am Leben teilhaben, ist aber ein Außenseiter. Der Kontrast zwischen der Liebe zum Leben und der notwendigen Distanz, lässt ihn „die Literatur nicht als Beruf, sondern als Fluch bezeichnen, der von Anfang an auf ihm gelastet habe".[117]

3.4.1.1 Erkenntnisekel

Weiterhin bespricht er den Fluch der Erkenntnis, der ihn dazu befähigt, Menschen und Sachverhalte in kürzester Zeit zu durchschauen. Dadurch wird für ihn alles banal, uninteressant, anwidernd. Die Literatur hat eine ähnliche Funktion. Durch das schriftliche Festhalten von Umständen, Sachverhalten, Erkenntnissen sind diese ausgesprochen und erledigt – haben keine Relevanz mehr. Unter diesem Aspekt hat die Literatur keinen positiven Nutzen, sie erschöpft den Protagonisten.

3.4.1.2 Künstlertum versus Leben

Dem Leben ist der Aspekt der Erkenntnis nicht wichtig. Es geht darum, Teil zu sein ohne übermäßige Selbstreflexion, das gewöhnliche, banale, hedonistische ist im Vordergrund. Eben das Leben liebt Kröger und macht diesbezüglich bei Lisa ein Geständnis.[118] Tonio Kröger distanziert sich sogar davon, ein Künstler zu sein.

Auf den Punkt bringt es dieses Zitat:

> *[...] das Normale, Wohlanständige und Liebenswürdige ist das Reich unserer*
> *Sehnsucht, ist das Leben in seiner verführerischen Banalität! Der ist noch lange*
> *kein Künstler, [...] der die Sehnsucht nicht kennt nach dem Harmlosen, Einfachen*
> *und Lebendigen, nach ein wenig Freundschaft, Hingebung, Vertraulichkeit und*
> *menschlichem Glück, [...] nach den Wonnen der Gewöhnlichkeit!*[119]

---

116 Mann, T.: Tonio Kröger. S 18.
117 Hermes, B.: Tonio Kröger. S. 19.
118 Mann, T.: Tonio Kröger. Vgl. S. 38.
119 Ebd. S. 38.

23

Im Gegensatz zu seinen Jugendtagen ist er der Idee abgeneigt, andere Bürger auf seine Seite, die künstlerische, ziehen zu wollen. Am Ende seines Monologs stellt seine Freundin Lisa banal fest: „Sie sind ein Bürger auf Irrwegen, Tonio Kröger, - ein verirrter Bürger".[120] Kröger betrachtet sich damit als „erledigt".[121] Sie hat ihn als einfachen Bürger banalisiert, was die Hauptfigur in seinen Grundfesten erschüttert. Es der Start zu einer Neukalibrierung seiner Selbstauffassung.

3.4.1.3 Tonio Krögers Persönlichkeitsentwicklung

Als der Protagonist im achten Kapitel mit einem Paar konfrontiert ist, dass Hans und Ingeborg ähnelt, denkt er über seinen bisherigen Lebenslauf nach und stellt fest, dass er letztlich mit seinen schriftstellerischen Werken stets das bürgerliche Publikum ansprechen wollte, verbunden mit dem Wunsch, „als Künstler von den Bürgern anerkannt zu werden".[122] Durch seine Reisen in den Süden und in den Norden kam es zu einer Persönlichkeitsentwicklung, die ihn jetzt erkennen lässt, dass es nicht im Rahmen seiner Möglichkeit liegt und auch nicht liegen sollte, mit Hans Hansen, bzw. Blauäugigen in einer geistigen Gemeinschaft zu leben. Vielmehr ist die persönliche Authentizität und Integrität wichtig.

3.4.1.4. 9. Kapitel: Der Brief an Lisaweta - Ein Bekennerschreiben

Zum Abschluss des Buches schreibt Tonio einen Brief an Lisa, in der er sich selbst seine wahre Persönlichkeit eingesteht. Kröger gibt ihr Recht, ein verirrter Bürger zu sein und stellt fest, dass seine Liebe zum Leben genau genommen seine Liebe zum Bürgertum ist. Er erkennt seine Eltern als Quelle für seine Persönlichkeitspolarität und sich als Ergebnis: „ein Bürger, der sich in die Kunst verirrte".[123] Kröger steht zwischen zwei Welten, dem Bürgertum und dem Künstlertum, und ist in keiner daheim.

Kurzke bringt es in *Thomas Mann: Epoche-Werk-Wirkung* passend auf den Punkt:

„Die Liebe des Geistes zum Leben, des Literaten zur Naivität, ist unerfüllbar."[124]

Zwischenmenschliche Werte kann er nur dem Bürgertum zuordnen:

---

120 Ebd. S. 41.
121 Ebd. S. 41.
122 Hermes, B.: Tonio Kröger. S. 31.
123 Mann, T.: Tonio Kröger. S. 72.
124 Kurzke, H: Thomas Mann. S. 103.

[...] so ist es diese Bürgerliebe zum Menschlichen, Lebendigen und Gewöhnlichen. Alle Wärme, alle Güte, aller Humor kommt aus ihr [...].[125]

Mit dem Schluss der Erzählung ist Tonio symbolisch an dem Punkt angekommen, an welchem er sich selbst erkennt und: akzeptiert. Die Verachtung und Ignoranz gegenüber dem Bürgertum war letztlich nur eine solche gegen einen Teil seiner eigenen Persönlichkeit, den er durch die verschiedenen Reisestationen inklusive gewonnener Erkenntnisse aufgearbeitet und verarbeitet hat. Kröger hat sein eigenes Ich erkannt und sich vom inneren Druck gelöst.

Kapitel 4: Psychoanalyse der Bürger-Kunst-Problematik

Die Psychoanalyse ist als „kritische Theorie der Gesellschaft"[126] geeignet, um einen psychoanalytischen Blick auf die hiesige Thematik zu werfen. Ein besonderes Augenmerk gilt hier der Mutter Krögers. Der Bürger-Künstler-Konflikt basiert im Wesentlichen darauf, dass Konvention und Individualismus, Alternativität miteinander konkurrieren. Die Gesellschaft der Bürger stellt Regeln des ordentlichen Zusammenlebens auf, dessen Essenz beinhaltet, nicht aufzufallen, es sei denn durch (akademische/berufliche) Leistung.

Das Individuum wird aufgefordert, auf die Befriedigung seines Freiheitsdrangs zu verzichten und sich dem planmäßigen Verhaltensmuster und Situationszwang der gesellschaftlichen Institutionen zu fügen[127],

so betrachtet es Jean Franck. Tonio Krögers Mutter weiß dies, bleibt ihrem südländischen Kern aber treu, spiegelt sie doch Leidenschaft und Kunst wieder. Ihre Erziehung beruht nicht auf Autorität und dem Fügen in ein System, sondern auf Laissez-Faire, im Sinne der Selbstverwirklichung. Als Frau des Konsul Krögers muss sie nach außen dem gesellschaftlichen Bild der Frau entsprechen, was sie größtenteils erfüllt: Sie ist für die Kultur innerhalb der Familie zuständig und darüber hinaus ansehnlich. Dennoch ist sie, im Vergleich mit den anderen Frauen, außergewöhnlich (aus Tonios Sicht). Verbindet man Kunst und Kultur, kann man Franck folgen:

---

125 Mann, T.: Tonio Kröger. S. 73.

126 De Berg, Henk: Freuds Psychoanalyse in der Literatur- und Kulturwissenschaft. Eine Einführung. Tübingen: A. Francke Verlag 2003. S. 4.

127 Finck, Jean: Thomas Mann und die Psychoanalyse. Paris: B ibliotheque de la Faculté de Philosophie et letres de l'Université de Liège 1973.S. 175.

Der Mensch muss in Masken leben, bis sich sein Selbstbewusstsein mit dem Alsob-Dasein seines Amtes identifiziert und zur rein formellen Daseinsgewohnheit wird. [...] Der Kulturmensch hat für ein Stück Glücksmöglichkeit ein Stück Sicherheit eingetauscht.[128]

Die Welt der Bürger, basiert auf der Erfüllung von Pflichten und dem Einordnen in die Gesellschaft, um dazu zu gehören und weniger Konflikte durch ihre Persönlichkeit zu erfahren. Auch wenn viele Bürger damit einen Teil ihrer selbst verstecken müssen. „Die Hochkultur des auf Sicherheit, Ordnung und tadellose Pflichterfüllung [...] [Bürgertums] ist also eine Scheinharmonie".[129] Spezifisch auf Kröger angewandt, bedeutet dies:

Es ist [...] keineswegs verwunderlich, dass es gerade der Künstler [...] ist, der einer kritisch analysierenden Psychologie besonders reichen Stoff liefert. Sein Leben ist notwendigerweise voll von Konflikten, in dem zwei Mächte in ihm sich bekämpfen: der gewöhnliche Mensch mit seinen berechtigten Ansprüchen auf Glück, Zufriedenheit und Lebenssicherheit einerseits und die rücksichtslose, schöpferische Leidenschaft andererseits [...].[130]

Sobald der Vater verstorben ist, liiert sich die Mutter neu mit einem Musiker und verlässt die Stadt. Die Zeit gesellschaftlicher Konventionen ist mit dem Tod des Konsuls beendet. Sie geht ihrem südländischen Blut nach, was von den normalen Bürgern nicht akzeptiert worden wäre.

Um konkret Freuds Begriffe Ich, Über-Ich, Es darauf anzuwenden:

Das Über-Ich, verantwortlich für den Einklang mit den Wünschen anderer, ist bei den Bürgern sehr ausgeprägt, da Konfliktvermeidend. Das Es, das den eigenen Wünschen entspricht, ist weniger zu erkennen.[131] Während das Ich versucht, beide Teile zu balancieren, gewinnt das Über-Ich mehr an Gewicht. Als Träger des sozialen Verhaltens[132]

---

128 Ebd. S. 175.
129 Ebd. S. 177.
130 Finck, J.: Thomas Mann und die Psychoanalyse., S.357.
131 De Berg, H.: Freuds Psychoanalyse in der Literatur- und Kulturwissenschaft. Vgl. S. 69.
132 Ebd. Vgl. S. 61.

ist es bei den Bürgern die Dominante, während die Mutter (Künstler) die Auslebung des Es (stellvertretend für sinnlichen Genuss[133]) präferiert. „Totales Gehorsam gegenüber den internalisierten gesellschaftlichen Regeln"[134] ist die Dogmatik des Bürgertums. Wie bei Tonios Vergleich mit Zigeunern zu sehen, ist bereits der Gedanke an Gegenteiliges zu viel und genug, um sich schlecht zu fühlen.[135]

5. Fazit

In dieser Arbeit über Thomas Manns Erzählung „Tonio Kröger" wurde das Thema Künstlertum versus Bürgertum anhand des Protagonisten untersucht. Nach einer Vorstellung des Hauptcharakters und seines wichtigsten Umfelds wurde erklärt, welche Rolle und Wirkung die Umwelt im Hinblick auf seine Person. Zu erkennen war, dass Kröger seit seiner Jugend durch seinen auffälligen Charakter ein Außenseiter ist. Dies ist offenbar die Konsequenz seiner elterlichen Wurzeln, die ihm sein konflikträchtiges Leben bereits durch den Namen eingeleitet haben. So musste er sich gegenüber gesellschaftlicher Normalität selbst genug sein und erkennen, dass er nicht zum gewöhnlichen Bürgertum gehört. Selbst Großteile seines sozialen Umfelds, das er stets beneidete, waren auf den ersten Blick keine Hilfe für seine Lebensentwicklung. Erst durch eine tiefe Abneigung gegen einen Teil seiner selbst und eine verständnisvolle Freundin konnte Tonio sich mit sich selbst konfrontieren, seinen inneren Konflikt beleuchten, um zu Akzeptanz und Einsicht seiner selbst zu gelangen. Am Ende erkannte er seinen Standpunkt und schaffte sich als erwachsener Mensch Orientierung. Dieser Aspekt wurde durch eine Analyse der Gesellschaft dargestellt. Nachdem die verschiedenen Vertreter von Künstler- und Bürgertum beschrieben wurden, ging es um die Definition und Auffassungen der gesellschaftlichen Seiten selbst, um auch den sozialen Kontext zur Zeit Manns nachvollziehen zu können. Zum Ende habe ich mit u.a. mit Nietzsche einen kleinen Einblick in die philosophische Theorie und Dimension des vorliegenden Themas gegeben.

Festzuhalten ist, dass Tonio Kröger unausweichlich die Symbolfigur des Konflikts zwischen Bürgertum und Künstlertum darstellt, genau wie Thomas Mann seine eigene Persönlichkeit auffasste. Kröger war das Pendant zu seinem Autor, wie durch diverse Mann Zitate verdeutlicht wurde.

---

133 Ebd.Vgl. S. 61.
134 Ebd. S. 62.
135 Ebd. Vgl. S. 62.

6. Literaturverzeichnis

Primärliteratur

Mann, Thomas: Tonio Kröger, Mario und der Zauberer. Frankfurt a.M.: Fischer 2008

Sekundärliteratur

De Berg, Henk: Freuds Psychoanalyse in der Literatur- und Kulturwissenschaft. Eine Einführung. Tübingen: A. Francke Verlag 2003

Finck, Jean: Thomas Mann und die Psychoanalyse. Paris: Bibliotheque de la Faculté de Philosophie et letres de l'Université de Liège 1973

Große, Wilhelm: Königserläuterungen: Tonio Kröger: Hollfeld: C. Bange Verlag 1999

Hermes, Beate: Klett Lektürehilfe: Thomas Mann-Tonio Kröger. Stuttgart: Ernst Klett Verlag 1989

Kurzke, Hermann: Thomas Mann: Epoche-Werk-Wirkung. München: C. H. Beck Verlag 2010

Riedel, Manfred: Bürger, Staatsbürger, Bürgertum. In: Geschichtliche Grundbegriffe. Historisches Lexikon zur politisch-sozialen Sprache in Deutschland. Band I, Stuttgart: Klett-Cotta 1972

Schulz, Andreas: Lebenswelt und Kultur des Bürgertums im 19. und 20. Jahrhundert, Enzyklopädie Deutscher Geschichte. München: Oldenbourg Wissenschaftsverlag GmbH 2005